Comment Beau le Chat a appris le chinois

波尔猫怎么学中文
bō ěr māo zěn me xué zhōng wén

Un livre bilingue par Lily Summer

Copyright © 2017 by Lily Summer

ISBN 13: 978-1-58790-391-5
ISBN 10: 1-58790-391-1

All rights reserved.

Manufatured in the U.S.A.
REGENT PRESS
Berkeley, California
www.regentpress.net

La Signature de Beau

波尔的签名
bō ěr de qiān míng

Je remercie :

Mark Weiman, mon éditeur, pour son implication à la création de ce livre et son grand savoir professionnel.
Gayle Young, la "Maman" de Beau, qui a généreusement partagé son chat adoré avec moi.
Ellen Wong pour son aide précieuse à la traduction de ce livre.
Alexandre pour son joli portrait de Beau et ses judicieux conseils.

感谢：

威曼，我的编辑马克。他知识丰富也给予我无限的支持。因为他，
这本独特的书才可能完成。
波尔的妈妈，谢谢她慷慨地与我分享她珍贵的猫。
亚纶的翻译及文字画出可爱波尔的画像以及他的卓见和聪明的建议。

Beau veut aller à Pékin.

波尔想去北京。
bō ěr xiǎng qù běi jīng

Beau est gourmand. Il adore manger. Alors Beau réfléchit: "À Pékin on parle chinois."

波尔是个美食家。它喜欢吃。
bō ěr shì gè měi shí jiā　　tā xǐ huan chī

波尔想了一下，
bō ěr xiǎng le yí xià

"在北京他们说中文"
zài běi jīng tā men shuō zhōng wén

S'il veut bien manger à Pékin, il doit savoir dire poulet, saumon, thon, fromage, souris, crevette, canard laqué, et raviolis chinois en chinois !

如果它要在北京吃得好，
rú guǒ tā yào zài běi jīng chī dé hǎo

必须知道以中文如何说鸡、
bì xū zhī dào yǐ zhōng wén rú hé shuō jī

鲑鱼、金枪鱼、奶酪、奶油
guī yú   jīn qiāng yú   nǎi lào   nǎi yóu

冻、虾、北京烤鸭和水饺！
dòng   xiā   běi jīng kǎo yā hé shuǐ jiǎo

Une seule solution: Lisa. Tous les jours Beau a remarqué que des étudiants avec un cahier et un stylo arrivent chez elle pour apprendre le chinois. Lisa est professeur de langues. Alors Beau, l'air de rien, écoute, espionne et apprend.

只有一个解决方法：那就是
zhǐ yǒu yí gè jiě jué fāng fǎ nà jiù shì

丽莎。波尔每天都注意到
lí shā bō ěr měi tiān dōu zhù yì dào

学生们拿着笔记本和笔到她
xué sheng men ná zhe bǐ jì běn hé bǐ dào tā

家去学中文。丽莎是一位
jiā qù xué zhōng wén lí shā shì yí wèi

语言老师。波尔偷偷地听，
yǔ yán lǎo shī bō ěr tōu tōu de tīng

密探和学习。
mì tàn hé xué xí

Dans la vasque pour oiseaux, il a appris à compter de un à dix: un, deux, trois, quatre, cinq, six, sept, huit, neuf, dix.

在鸟浴槽中，它学会了数
zài niǎo yù cáo zhōng　　tā xué huì le shǔ
一，二，三，四，五，六，
yī　　èr　　sān　　sì　　wǔ　　liù
七，八，九，十。
qī　　bā　　jiǔ　　shí

Près du chapeau, il a appris le mot "poulet grillé".

Sur le fauteuil de jardin, il a appris à demander: "Je voudrais un bol d'eau s'il vous plaît."

在花园椅子上，它学会问：
"我想要一碗水"。

Sur le canapé, il fait semblant de dormir et il a appris le mot "saumon fumé". Mais Beau n'aime que le saumon frais.

在沙发上，它假装睡觉并
zài shā fā shàng　tā jiǎ zhuāng shuì jiào bìng

学会了说"熏鲑鱼"这个词。
xué huì le shuō　xūn guī yú　zhè ge cí

但是波尔只喜欢新鲜的鲑鱼。
dàn shì bō ěr zhǐ xǐ huan xīn xiān de guī yú

Sous le lit, il a appris le mot "souris". Souris est un mot au troisième ton. Un chat comme lui est un mot au premier ton.

在床底下，它学会了说
zài chuáng dǐ xia　tā xué huì le shuō

"老鼠"。老鼠的声调是
　lǎo shǔ　　　lǎo shǔ de shēng diào shi

第三个音，猫的声调是第
dì sān gè yīn　māo de shēng diào shì dì

一个音。
yī gè yīn

Il s'est caché derrière la plante et il a appris le mot "manger." En chinois, les verbes ne se conjuguent pas. Je mange, j'ai mangé, je mangerai se traduisent tous par: "je mange". Beau est très content car il peut manger tout le temps.

它躲在树后面并学会说了"吃"。
tā duǒ zài shù hòu mian bìng xué huì shuō le chī

在中文语法中，动词不共轭。我现
zài zhōng wén yǔ fǎ zhōng dòng cí bú gòng è wǒ xiàn

在吃，我昨天吃，我明天吃也都
zài chī wǒ zuó tiān chī wǒ míng tiān chī yě dōu

是"吃"！波尔很高兴，因为它可
shì chī bō ěr hěn gāo xìng yīn wèi tā kě

以一直吃！
yǐ yì zhí chī

Lisa a beaucoup de patience. Elle prononce les mots clairement et plusieurs fois. Ainsi Beau apprend vite et bien. Dans le placard, Beau révise tout le vocabulaire et s'assure que Lisa n'oublie rien, surtout pas ses chaussures d'été.

丽莎很有耐心。她清楚地和重复地发音。这样波尔学得快又好。波尔在衣柜里复习所有的词汇。并确保丽莎不会忘记任何东西，特别是她的夏季鞋。

Après quelques mois le voilà prêt et il se glisse dans la valise de Lisa. Lisa va partir à Pékin demain. Beau est très content, il a hâte de voir la Grande Muraille et de voir toute la Chine de là-haut.

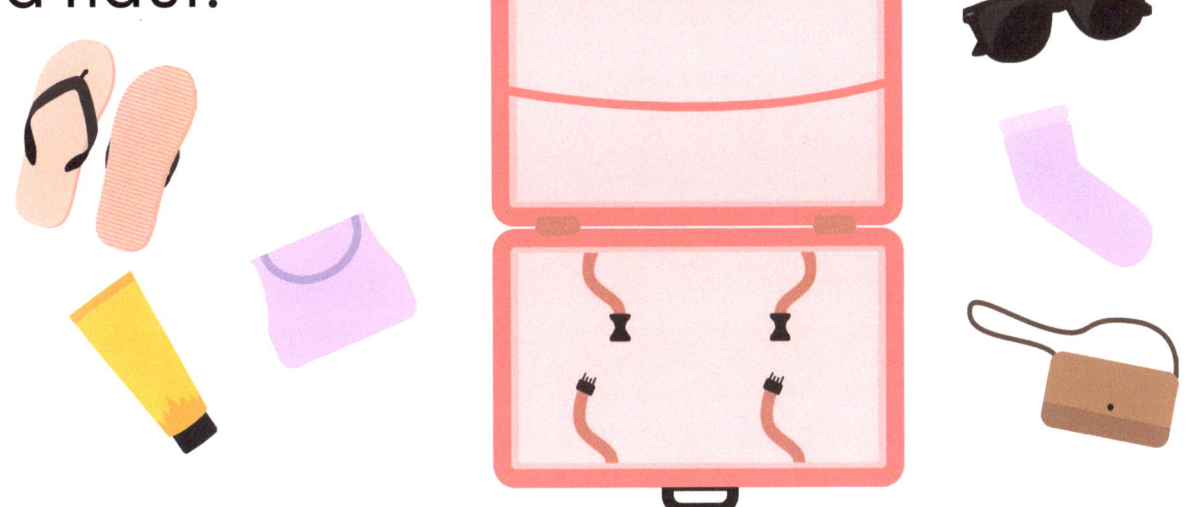

几个月后，它准备好想偷偷潜入丽莎
jǐ gè yuè hòu　tā zhǔn bèi hǎo xiǎng tōu tōu qián rù lí shā

的手提箱里。丽莎明天要去北京。
de shǒu tí xiāng lǐ　lí shā míng tiān yào qù běi jīng

波尔非常高兴。它真等不及从空中能
bō ěr fēi cháng gāo xìng　tā zhēn děng bù jí cóng kōng zhōng néng

看到长城和所有的中国。
kàn dào cháng chéng hé suǒ yǒu de zhōng guó

Alexandre, un élève de Lisa en chinois, a dessiné un portrait de Beau qui les a espionnés pendant leurs leçons.

文宇，他是丽莎的中文学生，
wén yǔ　　tā shì lí shā de zhōng wén xué sheng

画了波尔的肖像，并一
huà le bō ěr de xiào xiàng　bìng yì

直在旁偷听他们的课程。
zhí zài páng tōu tīng tā men de kè chéng

Dessine Beau:

画出自己的波尔图片。
huà chū zì jǐ de bō ěr tú piàn

www.ingramcontent.com/pod-product-compliance
Lightning Source LLC
Chambersburg PA
CBHW041530070526
44586CB00002B/32